BEI GRIN MACHT SICH IHR WISSEN BEZAHLT

Aggression im Fußball. Einfluss auf Leistung und Verhalten in positivem und negativem Ausmaß

GRIN ☺

Bibliografische Information der Deutschen Nationalbibliothek:

Die Deutsche Nationalbibliothek verzeichnet diese Publikation in der Deutschen Nationalbibliografie; detaillierte bibliografische Daten sind im Internet über http://dnb.d-nb.de abrufbar.

ISBN: 9783346358547
Dieses Buch ist auch als E-Book erhältlich.

Druck und Bindung: Books on Demand GmbH, Norderstedt Germany
Gedruckt auf säurefreiem Papier aus verantwortungsvollen Quellen

Das vorliegende Werk wurde sorgfältig erarbeitet. Dennoch übernehmen Autoren und Verlag für die Richtigkeit von Angaben, Hinweisen, Links und Ratschlägen sowie eventuelle Druckfehler keine Haftung.

Das Buch bei GRIN: https://www.grin.com/document/993911

Facharbeit

Thema:

Aggression im Fußball

Einfluss auf Leistung und Verhalten in positivem und negativem Ausmaß

Unterrichtsfach: Sport

Kurs: Sport-GK3

1. Einleitung

In dieser Facharbeit möchte ich auf die sportliche Aggression im Fußball und deren Auswirkung auf Leistung und Verhalten eingehen und dazu die Aggression sowie ihr Auftreten genauestens analysieren. Dafür muss zuerst auf die Emotion „Aggression" und ihr Entstehen eingegangen werden, um diese Herleitung später im Hinblick auf den Einfluss der Aggression im Fußball interpretieren und aufzeigen zu können.

2. Was ist Aggression?

Menschliche Aggression ist definiert als

> „[…] jede Form von Verhalten, das sich gegen eine andere Person richtet und dazu intendiert ist, dieser unmittelbar zu schaden, um damit ein bestimmtes Ziel – und sei es auch nur die eigene Befriedigung – zu erreichen."[1]

Die benannten Ziele werden auch „*Verstärker*"[2] genannt, die angesprochene eigene Befriedigung ist ebenfalls ein solcher.

Die Bildung von Aggression geht zudem mit *Stress* einher, welcher durch Einflüsse von außen beeinflusst und durch die Ausschüttung bestimmter Stresshormone im Körper ausgelöst wird.

2.1. Biologische Faktoren zur Entstehung von Aggression

Aggression entsteht – wie jede Emotion – im Gehirn und wirkt sich von dort aus auf den gesamten Körper aus. Die Abläufe in Gehirn und Körper selbst werden dabei durch Faktoren wie genetisch und evolutionär bedingte Grundvoraussetzungen sowie *neurobiologische* und *endokrinologische* Prozesse verursacht und reguliert. Die Genetik hat höchstwahrscheinlich nur einen sehr geringen Einfluss auf die Bildung von Aggression.

Bei Ausübung eines Reizes auf bestimmte Regionen des *Hypothalamus* ist Aggression festzustellen:

> „[…] Die Reizung des lateralen Hypothalamus [bewirkte] *Beuteaggression*, die Stimulation des medialen Hypothalamus indes *affektiv-aggressives* Verhalten. Eine *Aktivation* des dorsalen Hypothalamus erzeugte *Flucht* bzw. […] *Furchtaggression.*"[3]

Auch eine Reizung der *Amygdala* kann aggressive Handlungen nach sich ziehen, woraus eine enge Verbindung zwischen Angst- und Aggressionsempfinden geschlussfolgert werden kann. Auffällig ist, dass bei Schäden an beiden Amygdalae Angst- und Aggressionsempfinden zerstört werden können und der Mensch dadurch seine „lebenswichtigen Warn- und

---

[1] Bushman, B. J., Anderson, C. A. (2002). *Human Aggression.* o.O., S. 28.
[2] Weierstall, R., Elbert, T. (2012). *Formen und Klassifikation menschlicher Aggression.* – In: Endrass, J. (Hrsg.). *Interventionen bei Gewalt- und Sexualstraftätern: Risk-Management, Methoden und Konzepte der forensischen Therapie.* Berlin: Med.- Wiss. Verl.-Ges, S. 4.
[3] Straßmaier, S. (2018). *Aggression und Gewalt.* Berlin; Boston: De Gruyter Oldenburg, S. 16, Z. 3ff.

Abwehrreaktionen"[1] verliert. Daraus lässt sich wiederum eine Beziehung zwischen bestimmten Hirnregionen (Hypothalamus und Amygdala) im Zuge der Aggressionsbildung ableiten, die auch Straßmaier[2] erkannt hat. Die Regulation der Aggression durch die „Fähigkeit zur Empathie"[3] im *Präfrontalkortex* und die Entscheidung über Unterdrückung oder Freisetzung der Aggression im *orbitofrontalen Kortex*, welche durch Informationen über die Verstärker aus den *temporalen Kortexbereichen* reguliert wird, sind ebenfalls für das Verständnis der im Hirn ablaufenden Prozesse zur Aggressionsbildung und -hemmung wichtig.[4]

Diese Prozesse im Gehirn selbst werden auch bei Stressreaktionen ausgelöst. Der Ablauf bei einer Stressreaktion z. B. durch einen Angstreiz der Amygdala ist in Abb. 1 schematisch dargestellt. Die Stressreaktion ist vom Hypothalamus aus in zwei Arten der Reaktion, die *humorale* und die *nervale*, aufgegliedert. Bei der nervalen Reaktion werden über *Neurotransmitter* Reize durch das Nervensystem an das Nebennierenmark gesendet, welches mit dem Freisetzen von *Adrenalin* und *Noradrenalin* reagiert. Die humorale Reaktion funktioniert ausschließlich über Hormonfreisetzung. Bei dieser schüttet der Hypothalamus Hormone aus, die in der *Hypophyse* für eine erneute Freisetzung von Stresshormonen sorgt. Diese lösen die Ausschüttung von *Cortisol* in der Nierennebenrinde aus.

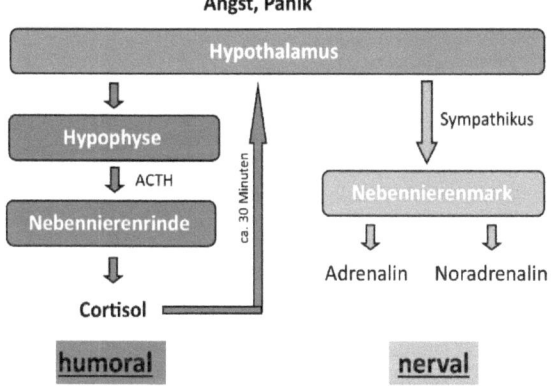

Abbildung 1, Humorale und nervale Prozesse bei Stressreaktionen

---

[1] Straßmaier, S. (2018). *Aggression und Gewalt*. Berlin; Boston: De Gruyter Oldenburg, S. 17, Z. 4.
[2] Ebd., S. 15, Z.1.
[3] Ebd., S. 17, Z. 10.
[4] Vgl. Ebd., S. 17, Z. 10ff.

Bei Einsetzen einer solchen Stressreaktion beginnt auch der Regulationsprozess im Kortex. Wird die Aggression nun nicht gehemmt, werden aggressionsfördernde Hormone und neuronale Reize abgegeben.

Auf nervaler und humoraler Ebene sorgen Neurotransmitter, die von den – durch die Stressreaktion ausgesetzten – Transmittern Adrenalin und Noradrenalin sowie dem Hormon Cortisol ausgelöst werden, für weitere Reaktionen im Körper. Einen nachgewiesenen Einfluss auf die Aggressionsbildung haben dabei die erhöhte Konzentration von *Serotonin* (auch in Verbindung mit *Vasopressin*), von *Stickstoffmonoxid* und die der *Andro-* sowie *Östrogene*.[1] Diese funktionieren nicht, indem durch ihr Ausschütten Aggression entsteht; sie sind vielmehr Hemmstoffe, die die Aggression bei niedriger Konzentration nicht hemmen und diese nur bei hoher Konzentration abschwächen oder verhindern. Diese Hormone und Neurotransmitter interagieren in einem sehr komplexen System, grundsätzlich wird aber jeder dieser Botenstoffe durch eine Kettenreaktion mit ihrem Ursprung in einer Stresssituation ausgelöst und verursacht am Ende der Reaktionskette eine nachweisbare Folge wie z. B. einen erhöhten Blutdruck, eine geringere Erregbarkeit der Haut usw., die Teil der Ausprägung der Aggression ist.

2.2. Formen der Aggression

Häufig wird der Begriff Aggression sehr unspezifisch betrachtet, obwohl sie sich in ihrer Form sehr stark unterscheiden kann. Grob unterschieden wird durch die Einteilung in eine entweder geplante/offensive (*instrumentelle*) oder eine konternde/defensive (*reaktive*) Aggression. Die instrumentelle Aggression hat den Zweck, für sich selbst oder die Gruppe Bereicherungen zu erlangen, wohingegen die reaktive Aggression dazu dient, sich selbst oder die Gruppe zu schützen. Da aber auch die reaktive Aggression den Schutz als Bereicherung verfolgt, ist die Unterteilung in instrumentell und reaktiv allein nicht sinnvoll, weshalb die Aggression des Weiteren noch als *impulsiv* oder *kontrolliert* klassifiziert wird. Die jeweilige Form wird zudem durch unterschiedliche Emotionen veranlasst, so sind Auslöser der instrumentellen und kontrollierten Aggression meist positive Gefühle (z. B. Lust); für die reaktive und impulsive sind jedoch überwiegend negativ assoziierte Gefühle (z. B. Angst oder Bedrohung) verantwortlich.[2]

2.3. Aggressionstheorien

Die Triebtheorie nach Freud

Der Triebtheorie zufolge existiert für jede Verhaltensweise ein Trieb, nach Straßmaier ein „[…] dynamische[r], interseelische[r] Vorgang, der einen […] Drang des Organismus zu emotionalen

---

[1] Vgl. Nelson, R. J. (Hrsg.). (2006). *Biology of aggression*. New York: Oxford University Press, Inc.
[2] Vgl. Weierstall, R., Elbert, T. (2012). *Formen und Klassifikation menschlicher Aggression*. – In: Endrass, J. (Hrsg.). *Interventionen bei Gewalt- und Sexualstraftätern: Risk-Management, Methoden und Konzepte der forensischen Therapie*. Berlin: Med.- Wiss. Verl.-Ges, S. 3ff.

oder motorischen Reaktionen [...] zur Folge hat."[1], der angeboren und für das Verhalten verantwortlich ist. Es stehen sich die zwei Triebgruppen des Lebens- und Todestriebs gegenüber, die gegensätzlich wirken.[2] Der Aggressionstrieb entlädt sich in bestimmten triebreduzierenden Situationen[3], nachdem sich „aggressive Triebenergien [...] auf[gestaut] [haben]"[4]. Der Aggressionstrieb unterstützt dabei den Todestrieb.

Die Frustrations-Aggressions-Hypothese nach Dollard

Die Frustrations-Aggressions-Hypothese besagt, dass jede Aggression immer durch eine Frustration ausgelöst wird und jede Frustration immer in Aggression resultiert. Es existiert die solidarische „*Eigengruppe*"[5], in der zum Gemeinschaftsschutz im Normalfall keine interne Aggression existiert. Innerhalb dieser wird selbst definiert, was als aggressiv gilt. Statt auf Mitglieder überträgt die Gruppe Aggression ohne zwangsläufig verhältnismäßige Rechtfertigung entweder auf Nicht-Zugehörige außerhalb oder auf vom Anführer auserkorene „Sündenböcke"[6], innerhalb. Im Widerspruch zur Frustrations-Aggressions-Hypothese stehen die Fähigkeiten der Aggressionskontrolle und Frustrationstoleranz, die bei jedem Menschen unterschiedlich stark ausgeprägt sind und sich im Laufe des Lebens aus Erfahrungen ergeben.[7]

Die soziale Lerntheorie

Anders als die beiden vorher beschriebenen Aggressionstheorien geht die soziale Lerntheorie davon aus, dass Aggression – und wann diese eingesetzt wird – durch Erfahrung und Vorbilder erlernt und nicht durch bestimme *intrapersonelle* Reize ausgelöst wird. Wird aggressives Verhalten vorgelebt, so wird dieses imitiert.[8]

Keine Theorie ist vollständig auf die Praxis übertragbar und alle haben einen gewissen Wahrheitsanteil. Die Theorien ergänzen sich höchstwahrscheinlich zueinander und ergeben erst dadurch ein auf die Praxis übersetzbares Modell.

---

[1] Straßmaier, S. (2018). *Aggression und Gewalt*. Berlin; Boston: De Gruyter Oldenburg, S. 55, Z. 15ff.
[2] Vgl. Ebd., S. 55, Z. 20ff.
[3] Vgl. Wiemann, K. *Die Phylogenese des menschlichen Verhaltens im Hinblick auf die Entwicklung sportlicher Betätigung.* – In: Ueberhorst, H. *Geschichte der Leibesübungen*. Berlin: Bartels u. W., S. 3
[4] Berger, W. (2006). *Ursachen und Wirkungen von Aggression in Mannschafts- und Schulsport, unter* https://www.diplomarbeiten24.de/document/117986 München: GRIN Verlag
[5] Zimmermann, H. (1992). *Sport und Aggression (Thema: Sport 3)*. (6. Aufl.). Düsseldorf: Cornelsen Verlag Schwann-Girardet, S. 8.
[6] Ebd., S. 8.
[7] Vgl. Ebd. S. 7-9.
[8] Vgl. Berger, W. (2006). *Ursachen und Wirkungen von Aggression in Mannschafts- und Schulsport, unter* https://www.diplomarbeiten24.de/document/117986 München: GRIN Verlag

3. Aggression im Fußball

Auch beim Fußball spielt Aggression immer eine Rolle. Sie kann wichtig für die Leistung sein oder ein negativ angesehenes Verhalten auslösen, welches zu vielen – auch gewaltvollen – Auseinandersetzungen führen könnte.

3.1. Begünstigende Faktoren

Ob und inwiefern sich Aggression beim Fußball ausprägt, hängt von zahlreichen Faktoren innerhalb der aktiv am Spiel beteiligten Personen (Motivation, Anspannung, Nervosität, generelle Gefühlslage usw.) sowie von den äußeren Rahmenbedingungen (Ort und Zeit des Spiels, Wettkampf oder Training, Relevanz des Spiels, Wetter, Platzverhältnisse, Anzahl der Zuschauer usw.) ab. Die inneren Einflüsse wirken dabei spontan und sind abhängig von den äußeren Rahmenbedingungen. Sie sind keine feststehenden Parameter, die direkt messbar sind; nur ihre Konsequenzen im Körper sind aktiv nachweisbar. Sie können auch schnell variieren (z. B. die Souveränität eines Spielers, die nach einem möglicherweise spielentscheidenden Fehler drastisch sinkt und in Unsicherheit resultiert). Zudem beeinflussen sie jeden Einzelnen in einer unterschiedlichen Weise. Die Rahmenbedingungen sind umweltlich bedingte Einflüsse, die gegeben und größtenteils unveränderlich sind und sich auf jeden Menschen unterschiedlich stark – negativ aber auch positiv – auswirken können. Schlechtes Wetter bspw. ist meist ein motivationsschwächender Einfluss, da es das Spiel erschwert und den Körper zusätzlich anstrengen kann, wohingegen gutes Wetter eine genau gegenteilige Wirkung erzielen kann.

Wie bereits bekannt, entsteht Aggression durch Stress, welcher durch eben diese Faktoren ausgelöst oder zumindest begünstigt wird. Dabei kann positiver Stress – wie Vorfreude – oder aber negativer Stress – wie zu hoher Druck und Angst vor Fehlern – der Auslöser für Aggression sein. Häufig nimmt man als Spieler bereits selbst war, auf welche Weise die äußerlichen Faktoren Einfluss auf die Gefühlslage und damit auf die Anfälligkeit für Aggression nehmen können. Solche Umstände wirken sich direkt auf die persönliche Motivation aus und erzeugen Stress. Dieser wird nach der sozialen Lerntheorie kopiert und wirkt sich dadurch auf die gesamte Mannschaft aus.

3.2. Mögliche positive Effekte von Aggression im Fußball

Aggressives Verhalten bei Fußballspielern, welches unter eigener Kontrolle und in einem regelkonformen Ausmaß stattfindet, kann positive Folgen nach sich ziehen. Dazu gehört zum Beispiel der Effekt der Freisetzung von (Nor-)Adrenalin, welche wie in Abb. 1 gezeigt bei Stress- oder Alarmsituationen erfolgt. „Es [Adrenalin, Anm. d. Verf.] verändert unseren Körper kurzzeitig so, dass wir die größtmögliche Leistung erbringen können."[1] Adrenalin sorgt für einige leistungssteigernde Reaktionen im Körper. Bei erhöhter Adrenalinkonzentration steigt zum einen die verfügbare Energie dadurch, dass die Bronchien geweitet, Puls und Blutdruck angehoben und *Glykogen* aktiviert werden, was zu einer steigenden und effizienteren Sauerstoffzirkulation und der Nutzung der Energiereserven im Körper führt. Des Weiteren wird der Sehsinn geschärft und die Körperprozesse, die in der Stresssituation nicht unbedingt notwendig sind, werden unterdrückt, wodurch die Konzentration steigen kann.[2] Außerdem sind unter den gehemmten Körperprozessen auch Angstprozesse, da im Vorhinein zwischen Flucht (Angst überwiegt) und Kampf (Aggression überwiegt) entschieden wird („fight or flight"[3]). Eine weitere Folge ist die Verstärkung des Gemeinschafts- und Zusammengehörigkeitsgefühls einer Mannschaft, die wie die „Eigengruppe"[4] bei der Frustration-Aggressions-Hypothese wirkt und so ihre ganze Kraft und Aggression auf den Gegner überträgt, um darauf aufbauend neue Motivation zu schöpfen und den Willen zum Sieg aufzubauen. Beim Fußball ist die Mannschaft das Wichtigste und ohne ein gemeinsames Auftreten mit Siegesambitionen ist eine Mannschaft meist nicht gut genug, um zu bestehen. Das macht die Aggression auch zu einem äußerst wichtigen Faktor, welcher über Sieg und Niederlage entscheiden und eine Mannschaft auszeichnen kann.

3.3. Mögliche negative Effekte bei zu großer Aggression

Gerät die im Fußball akzeptable Aggression außer Kontrolle, entstehen negative Folgen für einzelne Spieler, die Mannschaft oder sogar für das Spiel. Die positiven Faktoren entfalten nur in einem angemessenen Maße ihre fördernde Wirkung und entwickeln sich zu negativen Folgen, sobald keine Kontrolle mehr herrscht. Die Effekte des (Nor-)Adrenalins bestehen nicht für einen unbegrenzten Zeitraum und können nach einiger Zeit gegenteilige Folgen nach sich ziehen. Die Glykogenspeicher leeren sich schnell, was in einem schnellen Verbrauch der Energie resultiert. Die Blutgefäße können sich so weit verengen, dass die Herzfrequenz steigt, die Sauerstoffzirkulation aber trotzdem schlechter wird. Das führt zu einem Konzentrationsverlust, welcher dadurch begünstigt wird, dass der Körper sich in einem Rausch ungehemmter Aggression befindet. In diesem Rausch ist die Wahrnehmung verändert und der Spieler neigt dazu, kurzschlüssige Entscheidungen zu treffen. Schnelle Reizbarkeit und kurzschlüssige

[1] Sandweg, K. (2017). *Adrenalin oder Epinephrin: ein nützlicher Leitfaden mit Fragen und Antworten, unter https://blog.cognifit.com/de/adrenalin-epinephrin/* (abgerufen am 25.02.2020)
[2] Vgl. Sandweg, K. (2017). *Adrenalin oder Epinephrin: ein nützlicher Leitfaden mit Fragen und Antworten, unter https://blog.cognifit.com/de/adrenalin-epinephrin/* (abgerufen am 25.02.2020)
[3] Kubb, C. (Hrsg.). (o. J.). *Adrenalin, unter* http://www.biologie-schule.de/adrenalin.php (abgerufen am 25.02.2020)
[4] Zimmermann, H. (1992). *Sport und Aggression (Thema: Sport 3).* (6. Aufl.). Düsseldorf: Cornelsen Verlag Schwann-Girardet, S. 8.

Handlungen resultieren beim Fußball häufig in *groben Fouls* oder im schlimmsten Fall *Tätlich-keiten*, welche dem Team und dem Spielgeschehen schaden (können). Die Spieler sind durch den Konzentrationsverlust auch anfälliger für Fehler.

Fouls und Tätlichkeiten fallen im Fußball unter den Punkt des *unsportlichen Verhaltens* und unterscheiden sich laut Zimmermann[1] durch Sieg und Niederlage und das sportliche Verhältnis der beider Mannschaften (Erfolgsunterschiede, Leistungsunterschiede, Rivalität usw.) sowie den in Kapitel 3.1. genannten begünstigenden Faktoren.

	Anzahl der Spiele	Anzahl der Fouls	Fouls/Spiel (Quotient)
gewonnene Spiele	1568	771	0.49
verlorene Spiele	1568	980	0.62

Abbildung 2, Einfluss von Sieg und Niederlage auf Foulspiele

In Abb. 2. ist die Anzahl der Fouls bei Siegen und bei Niederlagen einer Mannschaft zu sehen, der jeweilige Quotient ergibt sich aus der Anzahl der Fouls pro Spiel.

> „Es besteht ein statistisch gesicherter Unterschied hinsichtlich der Anzahl der Fouls zwischen Siegern und Verlierern, […] bestätigt [dadurch], dass der Verlierer häufiger aggressiv reagiert als der Sieger."[2]

Da grobe Fouls auch von Aggression (s. o.) abhängen[3], ist also eine Beziehung der Leistung und ihrer Unterschiede zwischen den beteiligten Mannschaften zur Aggression zu schlussfolgern.

4. Regeln und sportliche Fairness

In jeder Sportart gibt es Regeln und Normen, die für einen fairen Wettkampf und die Sicherheit der Spieler und aller anderen Beteiligten sorgen. Diese sind für den geregelten Ablauf nötig und machen den Sport erst spielbar, da ohne sie anarchistische Zustände vorherrschend wären.

4.1. Sportliche Grundsätze im Fußball

Im Fußball besteht das Regelwerk aus 17 Hauptregeln[4], die in zahlreiche Unterregelungen aufgeteilt sind. Regeln, die Aggression direkt nennen, existieren nicht, jedoch bestehen Regeln, welche sich auf Regelmissachtungen und deren Ahndung beziehen. Dies wirkt sich auch auf die Konsequenzen aggressionsgeschuldeter Vergehen aus, da diese ein Grund für ahndungs-würdige Vergehen sein können. Das Regelwerk bildet den grundsätzlichen Rahmen, jedoch

---

[1] Zimmermann, H. (1992). *Sport und Aggression (Thema: Sport 3)*. (6. Aufl.). Düsseldorf: Cornelsen Verlag Schwann-Girardet
[2] Ebd., S. 33.
[3] Vgl. Ebd., S. 31.
[4] Vgl. DFB. (Hrsg.). (2019/2020). *Fussball-Regeln 2019/2020*, unter *https://www.dfb.de/fileadmin/_dfb-dam/204324-regeln.pdf* (abgerufen am 26.02.2020)

existieren „Ermessensspielräume"[1], die durch Spieler genutzt und vom Schiedsrichter interpretiert werden können und so einige Lücken im Regelwerk zulassen.

Nicht festgelegte Regeln, aber dafür unter den Spielern bekannte und anerkannte Normen, bestehen auch. Der Schutz der Gesundheit aller Beteiligten und ein respektvoller Umgang zählen zu den wichtigsten dieser Normen.

4.2. Der Fairness-Gedanke

Auch die sportliche Fairness spielt beim Fußball eine große Rolle. Das sogenannte Fair Play bezieht sich in erster Linie grob auf Anerkennung und Respekt der Spieler untereinander und gegenüber dem Schiedsrichter sowie das gewissenhafte Befolgen des Regelwerks.[2]

Außerdem fordert es die Unterlassung von Provokationen und den Spielfluss störenden Aktionen seitens der Spieler und auch der Zuschauer ein, erwartet aber auch die Unparteilichkeit des Schiedsrichters als einzige am Spiel beteiligte Autorität.

Bei voller Einhaltung des Fairness-Gedankens sollten Provokationen und daraus entstehende Konflikte nicht stattfinden und es dürfte in der Theorie nahezu keine Fouls geben, da diese auch zu den Regelmissachtungen gehören. Diese Vorstellung ist jedoch eine Utopie, da erstens nicht jede Regelmissachtung vermieden werden kann und die Beteiligten unter Einwirkung von Druck, Stress und persönlichen Emotionen (z. B. Aggression) zu Fehlern und Vergehen neigen. Aber auch vorsätzliche Verstöße gegen das Fair-Play – wie taktische Fouls, Beleidigungen jeglicher Art, Zeitverzögerungen usw. – finden statt oder werden sogar zum eigenen Vorteil genutzt.

5. Befolgen der Grundsätze in einem aggressiven Zustand

Im Optimalfall werden die Grundsätze und das Fair Play befolgt und die Aggression wird den zu befolgenden Regeln so untergeordnet, dass sie ihre positiven Effekte entfalten kann. Im Gegensatz zu den positiven Folgen werden die negativen Folgen jedoch unterdrückt, dies ist durch die von Zimmermann[3] beschriebene Aggressionskontrolle möglich. Wie in Kapitel 4.2. thematisiert, ist dieser Optimalfall jedoch nahezu nie erreichbar, da auch Regelwidrigkeiten zum Fußball dazu gehören und – auf Kosten des Fair Plays – auch von Nutzen sein können.

---

[1] Gerisch, G. (2002). *Aggression im Fußball / 2 / Testmethodische Entwicklung eines Fragebogens zur sportartspezifischen Begriffsbestimmung "aggressiver Spielhandlungen" und zur Erfassung von Einstellungen zu Regeln und Normen im Wettkampf.* (Bd. 2). - In: Gerisch, G. *Aggression im Fußball.* Hamburg: Ingrid Czwalina
[2] Vgl. Gerisch, G. (2002). *Aggression im Fußball / 2 / Testmethodische Entwicklung eines Fragebogens zur sportartspezifischen Begriffsbestimmung "aggressiver Spielhandlungen" und zur Erfassung von Einstellungen zu Regeln und Normen im Wettkampf.* (Bd. 2). – In: Gerisch, G. *Aggression im Fußball.* Hamburg: Ingrid Czwalina
[3] Zimmermann, H. (1992). *Sport und Aggression (Thema: Sport 3).* (6. Aufl.). Düsseldorf: Cornelsen Verlag Schwann-Girardet

Zur Wahrung der ausschließlich positiven Folgen im optimalen Zustand muss die Aggression also stets unter Kontrolle sein, was auch bedeutet, dass dann einzig die positiven Folgen entstehen können. Die Kontrolle bringt also einen Vorteil für den Spieler oder die Mannschaft, indem sie vor schwächenden Aktionen und Vergehen durch eine impulsive Aggression bewahrt. Um sie zu erhalten muss das Gehirn ständig über die Aggression abwägen und diese nur als instrumentelle Aggression einsetzen.

Wird im Kortex die Entscheidung gegen das Einsetzen der Aggression in instrumenteller Weise getroffen, herrscht gleichzeitig auch weniger Kontrolle. Wirken dann noch weitere Stresssituationen auf den Körper, kann die Hemmung immer weiter verloren gehen und der Spieler verfällt möglicherweise in den zuvor angesprochenen Rausch. Durch die veränderte Wahrnehmung, die Fokussierung auf Kampf und Verteidigung und die nun nicht mehr durchdachten Entscheidungen rücken die Regeln in den Hintergrund und werden seltener befolgt.

6. Mögliche Probleme

Wie bereits angedeutet kann ungehemmte Aggression negative Folgen haben und dadurch zu Problemen führen. Dabei ist zwischen einer ungeplanten Fehleinschätzung und einem bewussten Regelverstoß zu unterscheiden, da die Aggression in beiden Fällen eine andere Rolle spielt.

6.1. Fehleinschätzung einer Situation

Eine Fehleinschätzung der Situation liegt bspw. dann vor, wenn von einer impulsiven und unkontrollierten Aggression geleitet (s. 3.3.) ein grobes Foul gespielt wurde, welches nicht vorsätzlich und nicht zur Schwächung des Gegners begangen wurde. Vielmehr wurden dann die Konsequenzen vernachlässigt und die Entscheidung zum Begehen des groben Fouls wurde unbedacht getroffen. Dies ist der Beschränkung auf Kampf und Verteidigung durch die Verdrängung bestimmter Prozesse zur Fokussierung auf die wesentlichen Handlungen geschuldet, mit der der Körper während einer Stressreaktion mit Aggressionsbildung reagiert. Trotzdem ist ein solches Vergehen natürlich ein Problem, da eine Strafe durch den Schiedsrichter die Folge sein wird. Das heißt, dass eine Schwächung des Spielers und der Mannschaft entsteht, welche zum einen die Leistung des Spielers verschlechtert, da dieser seine Aggression fortan immer kontrollieren muss (bei einer Verwarnung), um des Feldes nicht durch weitere aggressive Aktionen verwiesen zu werden. Dadurch ist der Spieler in manchen Situationen möglicherweise gehemmt und vorsichtig, was ebenfalls einen nachteiligen Effekt haben kann. Zum anderen wirkt sich die Aktion auch auf die Mannschaft des gefoulten Spielers aus, da die Mannschaft auch eine soziale „Eigengruppe"[1] ist und ihre Mitglieder sich gegenseitig solidarisieren. Die Mannschaft schafft

[1] Zimmermann, H. (1992). *Sport und Aggression (Thema: Sport 3)*. (6. Aufl.). Düsseldorf: Cornelsen Verlag Schwann-Girardet, S. 8.

damit selbst eine neue Aggression gegenüber dem verwarnten Spieler oder überträgt diese auf dessen Mannschaft, falls der Spieler des Feldes verwiesen wurde. So kann es auch passieren, dass sich die Mannschaften aufgrund ihrer inneren Solidarität und der Aggressionsverschiebung auf den Gegner immer weiter gegenseitig anheizen. Dadurch kann über das Spiel hinweg ein immer wachsender Konflikt entstehen, der sich irgendwann in *Gewalt* entladen kann. In diesem Extremfall würde gegen sämtliche Normen des Fair Plays und offiziellen Regelwerkes verstoßen werden, die Folge wären Feldverweise und sehr selten sogar Spielabbrüche. Es muss aber dazu gesagt werden, dass Fehleinschätzungen Teil des Fußballs sind und jedem Spieler unterlaufen können, da das Fußballspiel von Emotionen und Aggression bestimmt wird und erst durch sie zu einem Wettbewerb werden kann. Daher sind Fehleinschätzungen zwar zu ahnden, wiegen jedoch nicht so schwer wie eine bewusste Regelmissachtung und resultieren auch deutlich seltener in Gewalt.

6.2. Bewusste Regelmissachtung und Unsportlichkeit

Der bewusste Verstoß gegen eine Regel ist im Gegensatz zur Fehleinschätzung immer ein Vergehen mit Vorsatz, was diesen zum extremeren und auch schlimmeren Vergehen macht. Ein Beispiel für eine bewusste Regelmissachtung wäre das Grätschen in die Beine eines Gegenspielers von hinten, welches bei vorhandener Härte und Rücksichtslosigkeit vom Schiedsrichter immer mit einem Feldverweis geahndet werden sollte. Der Vorsatz ist zwar nie eindeutig nachzuweisen, jedoch ist erfahrenen Spielern und Schiedsrichtern meist bewusst, ob ein solches Vergehen mit Absicht oder zufällig begangen wurde. Indikatoren für den Vorsatz sind vorhergegangene Auffälligkeiten (aggressive Handlungen, grobe Fouls, Respektlosigkeiten), eine erkennbar geringe Frustrationstoleranz und Aggressionskontrolle (s. 2.3.) und eine Beschränkung der Wahrnehmung allein auf den Gefoulten unmittelbar vor dem begangenen Foul (Blick nur auf das Opfer gerichtet, rücksichtlose Grätsche mit Anlauf, keine Möglichkeit an den Ball zu gelangen). Durch den Vorsatz kann es passieren, dass die Mannschaft des Gefoulten sich als Gruppe angegriffen fühlt und zudem hintergangen fühlt, da das Regelwerk mit Absicht verletzt und missachtet wurde, um einem Spieler geplant Schaden zuzufügen. Generell ist der Unterschied der Folgen im Vergleich zu einer Fehleinschätzung zwar nicht gravierend, jedoch ist vor allem das Ausmaß der folgenden Aggression durch die Geschädigten größer und auch die Strafe sollte laut Regelwerk meist härter ausfallen, da die Schädigung nicht nur in Kauf genommen, sondern auch geplant und zielgerichtet war.

7. Folgen

Die möglichen Probleme können verschiedene Konsequenzen nach sich ziehen, welche selbst problematisch für den Sport und speziell eine Weiterführung des Spiels nach dem Regelwerk sein können. Zum einen ist die Vernachlässigung des sportlichen Grundgedankens zu nennen. Dieser macht den Sinn des Sportes bzw. des Fußballs aus und ist maßgeblich für den geregelten Ablauf und den angestrebten Wettkampf eines Fußballspiels verantwortlich.

Des Weiteren ist eine – teilweise schon angesprochene – Entladung der Aggression möglich, bei der überhaupt keine Aggressionshemmung mehr aktiv ist. Diese ist die schlimmste mögliche Folge einer impulsiv reaktiven Aggression und kann auf verbaler sowie auf körperlicher Ebene stattfinden.

7.1. Vernachlässigung des sportlichen Grundgedankens

Der sportliche Grundgedanke setzt sich im Fußball aus Fair Play und Regelwerk zusammen, woraus sich der Sport als ein geregelter Wettkampf ergibt, welcher körperlich ausgetragen, jedoch nur mit fairen Mitteln geführt wird.[1] Die Folge dessen Vernachlässigung muss nicht gleich eine Entladung der Aggression sein, es kann auch passieren, dass der Fokus der Spieler sich nur vom Wesentlichen – dem Fußball und dessen Regelwerk – abwendet und sich auf Provokationen und Unsportlichkeiten (bspw. Zeitverzögerungen, Simulieren von Fouls) versteift. Diese Unsportlichkeiten finden jedoch nicht auf verletzender Ebene statt und wirken sich nur auf das Spielgeschehen aus ohne dabei anderen Beteiligten Schaden zuzufügen. Deshalb ist hierbei nicht von einer Entladung der Aggression zu reden. Die Folge können zwar Konzentrationsverluste und Ablenkungen (s. 3.3.) sein, die ein Spiel häufig unattraktiver für den Zuschauer und auch für die Spieler machen, Konfliktpotenzial besteht jedoch erst, wenn die Provokationen bei einem der Spieler Anklang finden und für den Konflikt sorgen.

7.2. Entladung auf verbal oder körperlich verletzender Ebene

Fühlt sich ein Spieler jedoch von einer der Unsportlichkeiten oder Provokationen direkt angegriffen und reagiert dessen Kortex mit einer impulsiv reaktiven Aggression, entlädt sich die Aggression ggf. auf verbaler Ebene in Form von Beleidigungen oder Anfeindungen oder durch Tätlichkeiten wie Schläge, Tritte, Anspucken usw. gegen Gegenspieler, Schiedsrichter oder sehr selten sogar Mitspieler auf körperlich verletzender Ebene. Beide Entladungen sind immer mit Feldverweisen zu ahnden und verstoßen gegen jegliche gültige Verhaltensnormen auf dem Platz. Durch die soziale Lerntheorie belegbar vergrößert sich der Konflikt in einer solchen Situation häufig schlagartig, da möglicherweise Mit- oder Gegenspieler das aggressive Verhalten imitieren. Ebenfalls eine wahrscheinliche Konsequenz ist nach der Frustrations-Aggressions-Hypothese eine spontane Schutzreaktion entweder durch die Mannschaft des geschädigten

---

[1] Vgl. Gerisch, G. (2002). *Aggression im Fußball / 2 / Testmethodische Entwicklung eines Fragebogens zur sportartspezifischen Begriffsbestimmung "aggressiver Spielhandlungen" und zur Erfassung von Einstellungen zu Regeln und Normen im Wettkampf.* (Bd. 2). – In: Gerisch, G. *Aggression im Fußball.* Hamburg: Ingrid Czwalina

Spielers oder durch die Mannschaft des Täters (oder beider Mannschaften) aufgrund ihrer So-zialisation und Solidarität innerhalb ihrer Gruppe. Der Konflikt kann in beiden Fällen nur noch weiter ausarten und führt dann zu mehreren Feldverweisen oder Spielabbrüchen.

8. Prävention und Intervention

Zur Prävention einer solchen Entladung sind vor allem die Kapitäne und Trainer beider Mann-schaften sowie die Schiedsrichter wichtig, da diese die Autoritäten im Fußball darstellen und ein gutes Vorbild zur Einhaltung der Regeln und Wahrung des Fair Plays für einen geregelten Wettkampf sein sollen. Der Schiedsrichter trägt dabei die direkte Verantwortung für die Leitung des Spiels und sollte nach Möglichkeit im ständigen Dialog zu den Mannschaftskapitänen ste-hen, um in einem respektvollen Verhältnis zu diesen eine faire Austragung des Spiels zu ge-währleisten. Die Kapitäne wiederum sind für die Einhaltung der Regeln innerhalb ihrer Mann-schaft zuständig und die Trainer sollten nach grundsatzbedingtem Gewissen ihre Mannschaften zwar motivieren, dabei aber Unsportlichkeiten stets zu vermeiden.

Eine Intervention bei einer bereits stattfindenden Aggressionsentladung ist nur sehr begrenz möglich, da die beteiligten Parteien unter Stress meist nicht mehr zum Dialog und zur friedli-chen Lösung des Konfliktes in der Lage sind (s. 3.3.). Jedoch überlagern sich Intervention und Prävention zu einem großen Teil, wodurch bspw. ein Eingreifen der Trainer durch Auswechs-lungen der aggressiv geladenen Spieler oder der gegenseitige Dialog von Spielern und Schieds-richtern auch zur Intervention gezählt werden können.

9. Fazit

Abschließend lässt sich sagen, dass Aggression in ihrer Entstehung einem sehr komplexen Pro-zess unterliegt und durch viele Faktoren beeinflusst wird. Eine genaue Differenzierung war dabei unbedingt notwendig, um das biologische, psychologische und physiologische Konzept der Entstehung, der Ausprägung und der Wirkweise der Aggression verstehen und anwenden zu können. Bei der Anwendung erwies sich die ausschlaggebende Rolle des Fußballs als ge-wählte Sportart als sehr wichtig, um das hergeleitete Konzept der Aggression dahingehend auf den Fußball zu übertragen, dass die Zusammenhänge zwischen Aggression und Fußball und die Abhängigkeit der Komplexität (Regeln, Faktoren etc.) des Fußballs deutlich werden.

Ich konnte durch diese Facharbeit feststellen, dass Aggression einen signifikanten Einfluss auf die Leistung und das Verhalten im Fußball hat und abhängig von verschiedensten Faktoren unterschiedliche Effekte und Folgen haben kann. Zudem wurde klar, dass Aggression eine Grundlage des Fußballs ist und einen großen Beitrag zu der Sportart selbst und ihrer Ausprä-gung leistet.

10. Abkürzungsverzeichnis

z. B. –	zum Beispiel
s. –	siehe
s. o. –	siehe oben
bspw. –	beispielsweise
A. –	Aggression
ggf. –	gegebenenfalls
etc. –	et cetera (lat.): und so weiter

11. Abbildungsverzeichnis

12. Fachwortverzeichnis

Verstärker – materielle Ressourcen, Status oder eine höhere Stellung in der sozialen Gruppe usw.

Stress – einen durch spezifische äußere Reize (Stressoren) hervorgerufene psychische und physische Reaktionen bei Lebewesen

Neurobiologie – Biologie des Nervensystems

Endokrinologie – Lehre der Hormone

Hypothalamus – Teil des Hirns, der in Zusammenspiel mit anderen Gehirnabschnitten die vegetativen Funktionen des Körpers steuert

Aktivation – Aktivierung (medizinisch)

Lateral – seitlich liegend

Medial – mittig liegend

Dorsal – zur Rückseite liegend

Amygdala(e) – Angstzentrum des Gehirns, als Paar vorhanden

Frontalkortex – vorderer Teil der Hirnrinde

Präfrontal – sich im vorderen Teil (des Frontalkortex) befindend

Orbitofrontal – sich im vorderen Teil der Augenhöhle (im Frontalkortex) befindend

Temporal – zu den Schläfen gehörend

Humoral – hormonell, die Körpersäfte betreffend, über das Hormonsystem

Nerval – neuronal, über das Nervensystem

Neurotransmitter – Botenstoffe zur Übertragung neuronaler Reize

Adrenalin – Stresshormon des Nebennierenmarks und Neurotransmitter

Noradrenalin – Stresshormon aus Nebennierenmark oder Neurotransmitter aus dem Nervensystem

Hypophyse – Hirnanhangdrüse

Cortisol – Stresshormon

Serotonin –	Hormon und Neurotransmitter, Hauptfunktion ist Regulierung des Blutdrucks
Vasopressin –	Ebenfalls Hormon zur Blutdruckregulierung, in Beziehung zu Serotonin
Stickstoffmonoxid –	NO; Giftgas, kommt im Körper in geringen Mengen als Regulator vor
Androgene –	männliche Geschlechtshormone (bspw. Testosteron)
Östrogene –	weibliche Geschlechtshormone
Instrumentelle A. –	Aggression als „Mittel zum Zweck"
Reaktive A. –	Aggression als Schutzreaktion
Impulsive A. –	spontane und energische Aggression, unbedacht und durch Emotionen initiiert
Kontrollierte A. –	geplante und beherrschte Aggression
Eigengruppe –	allgemeine Bezeichnung für jede soziale Gruppierung (national, religiös etc.)
Intrapersonell –	innerhalb einer Person (Gegenteil: intrapersonell = zwischenmenschlich)
Glykogen –	Energiereserve der Muskeln und der Leber
Tätlichkeit –	stark regelwidriges Verhalten gegen den Körper eines Gegners ohne die Aussicht, in den Besitz des Spielgerätes zu gelangen
Grobes Foul –	grob unsportliches Verhalten, wird mit Verwarnung oder Feldverweis geahndet
Unsportliches Verhalten –	Jedes Verhalten, das den Spielfluss und den geordneten Ablauf im Spiel stört
Gewalt –	Etwas mit Zwang physisch (und psychisch) durchsetzen

13. Literaturverzeichnis

Berger, W. (2006). *Ursachen und Wirkungen von Aggression in Mannschafts- und Schulsport, unter* *https://www.diplomarbeiten24.de/document/117986* München: GRIN Verlag

Bushman, B. J., Anderson, C. A. (2002). *Human Aggression.* o.O.

Dann, H-D. (1988). *Aggression und Leistung: Gewährung u. Unterbindung von Aggression in ihrer Auswirkung auf Leistungsverhalten.* o.O.: Klett-Verlag

DFB. (Hrsg.). (2019/2020). *Fussball-Regeln 2019/2020, unter* *https://www.dfb.de/fileadmin/_dfbdam/204324-regeln.pdf*

Gerisch, G. (2002). *Aggression im Fußball / 2 / Testmethodische Entwicklung eines Fragebogens zur sportartspezifischen Begriffsbestimmung "aggressiver Spielhandlungen" und zur Erfassung von Einstellungen zu Regeln und Normen im Wettkampf.* (Bd. 2). – In: Gerisch, G. *Aggression im Fußball.* Hamburg: Ingrid Czwalina

Kubb, C. (Hrsg.). (o. J.). *Adrenalin, unter* http://www.biologie-schule.de/adrenalin.php

Nelson, R. J. (Hrsg.). (2006). *Biology of aggression.* New York: Oxford University Press, Inc.

o. A., *Stress.* – In: Wikipedia, Die freie Enzyklopädie., *unter* *https://de.wikipedia.org/wiki/Stress* (abgerufen am 03.03.2020 um 16:26 Uhr)

Odenwälder, J. (2009*). Jugendgewaltprävention- der Einfluss eines Fußballprojekts auf die eigenen wahrgenommenen sozialen Kompetenzen und die eigene wahrgenommene Aggression.* München: Ludwig-Maximilians-Universität München

Sandweg, K. (2017). *Adrenalin oder Epinephrin: ein nützlicher Leitfaden mit Fragen und Antworten, unter* *https://blog.cognifit.com/de/adrenalin-epinephrin/*

Straßmaier, S. (2018). *Aggression und Gewalt.* Berlin; Boston: De Gruyter Oldenburg

Weierstall, R., Elbert, T. (2012). *Formen und Klassifikation menschlicher Aggression.* – In: Endrass, J. (Hrsg.). *Interventionen bei Gewalt- und Sexualstraftätern: Risk-Management, Methoden und Konzepte der forensischen Therapie.* Berlin: Med.- Wiss. Verl.-Ges

Wiemann, K. *Die Phylogenese des menschlichen Verhaltens im Hinblick auf die Entwicklung sportlicher Betätigung.* – In: Ueberhorst, H. *Geschichte der Leibesübungen.* Berlin: Bartels u. W.

Zimmermann, H. (1992). *Sport und Aggression (Thema: Sport 3).* (6. Aufl.). Düsseldorf: Cornelsen Verlag Schwann-Girardet

BEI GRIN MACHT SICH IHR WISSEN BEZAHLT

- Wir veröffentlichen Ihre Hausarbeit,
  Bachelor- und Masterarbeit

- Ihr eigenes eBook und Buch -
  weltweit in allen wichtigen Shops

- Verdienen Sie an jedem Verkauf

Jetzt bei www.GRIN.com hochladen
und kostenlos publizieren